Jaroslav Rudiš

Weihnachten in Prag

Luchterhand

Weihnachten in Prag

Das erste Mal im Leben ging ich am Prager Hauptbahnhof verloren. Das erste, aber nicht das letzte Mal. Ich war sechs, und es war ein paar Tage vor Weihnachten. Heute bin ich älter, steige aus dem Zug und lasse die Menschen an mir vorbeiströmen. Ich stehe inmitten der hohen Halle aus Glas und Stahl. Heute ist nicht ein paar Tage vor Weihnachten. Heute ist Heiligabend.

Ich stehe am Bahnsteig. Um mich herum gehen die Menschen aus meinem Zug von Berlin in die Unterführung, und aus der Unterführung gehen andere Menschen zu einem anderen Zug nach Wien. Ich glaube, es ist der gleiche Bahnsteig, an dem ich damals verloren ging. Damals war ich zum ersten Mal in Prag. Zum ersten Mal in einer Großstadt. In einer Hauptstadt. Ein Tagesausflug mit meinem Vater.

Ich stehe da und sehe zwischen all den Menschen meinen Vater, wie er mich sucht. Wie ein Irrer läuft

er hin und
her, in der einen
Hand trägt er einen Pappbecher mit Kofola und in der anderen einen Pappbecher mit Bier, und er kann mich nicht finden.

Meine Mutter weiß bis heute nichts davon. Mein Vater hat es verdrängt.

Ich rufe meine Freunde an. Wir wollen den Heiligen Abend zusammen verbringen. Sie kommen aus dem Böhmischen Paradies, genau wie ich. Doch keiner geht ran. Ich lasse meinen Koffer in einem Schließfach und erinnere mich, dass mein Vater hier einen Bekannten hatte, der im Fundbüro arbeitete. Und dass sein Freund im Fundbüro für meinen Vater die letzte Hoffnung war, nachdem ich am Bahnsteig verloren gegangen war. Bestimmt würde jemand mich finden und hier abgeben.

Der Freund hatte meinem Vater das Fundbüro einmal gezeigt. Alles war ganz genau sortiert. In einem Regal die Regenschirme, in einem anderen die Koffer, dort das Spielzeug, hier die Briefe und Bücher, da Alkohol und Konserven. Und ein Regal war nur für die verlorenen Weihnachtsgeschenke reserviert. Der Freund meines Vaters erzählte ihm, dass die Weihnachtsgeschenke nie jemand abholt. Nach einem Jahr werden sie auf dem Bahnhof verschenkt.

Ich gehe zur Straßenbahn. Mit der Linie Zweiundzwanzig fahre ich langsam von der Moldau bis hoch zur Prager Burg. Wenn ich länger nicht in der Stadt war, nehme ich immer die Zweiundzwanzig. Wenn ich länger nicht in der Stadt war, trinke ich mein erstes Bier immer im Schwarzen Ochsen.

In diesem Lokal hat mein Vater, als er Soldat war, sein erstes Bier in Prag getrunken. Jahre später habe auch ich hier mein erstes Bier in Prag getrunken. Nicht als Soldat, sondern als Schüler. Es war im September 1989, und ich war siebzehn. Die Ostdeutschen, die Trabis, wie wir sagten, flüchteten gerade über die Prager Botschaft in den Westen, man blickte über die Trabis und Wartburgs und Ladas und Škodas mit den DDR-Kennzeichen. Auch wir waren gerade auf der Flucht. Hana und ich. Unauffällig hatten wir uns während des Besuchs im Museum der kommunistischen Partei der Tschechoslowakei von unserer Gruppe aus dem Gymnasium getrennt, weil ich von meinem Vater schon gehört hatte, dass es auf dem Hradschin ein heiliges Lokal gibt, das viel besser sein soll als das Parteimuseum.

Seitdem ist diese Kneipe für mich ein heiliger Ort.

Seitdem komme ich hierher und lasse mich in der Tür von den strengen, rot glühenden Augen eines Ochsen durchbohren. Irgendjemand sagte mal zu mir, der Ochse sei der Golem, der Golem von Prag. Viele suchen in Prag nach dem Golem. Doch der hat sich in einen schwarzen Ochsen verwandelt.

Ich setze mich an den gleichen Tisch wie damals, an einen Tisch unter dem Wappen der Herren von Smiřic oder Schmiritz aus dem Böhmischen Paradies, wo ich herkomme, und schaue mir die Wappen der anderen böhmischen Adeligen an. In dieser Kneipe kann man viel lernen über die Geschichte. Und auch über das Bier. Und heute auch über Weihnachten, den Karpfen in der Badewanne, die verschiedenen Arten von Kartoffelsalat und Plätzchen.

Bestellen muss man nicht, wie in jedem guten Lokal bekommt man das Bier hier ungefragt hingestellt. »Man geht doch nicht in die Kneipe, wenn man Limo trinken will«, sagt mein Vater immer.

Damals, 1989, saßen hier drei Deutsche, ich glaube aus Pirna oder vielleicht aus Borna, die dann auch runter zur Botschaft der Bundesrepublik gegangen sind, nachdem sie hier ihr letztes Bier ausgetrunken hatten. Und auch zwei Blinde aus der nahen Blindenanstalt. Heute sitzen hier Österreicher und viele Einheimische, bevor sie zu ihren Familien gehen. Und auch ein paar einsame Gestalten, die hier zu Hause sind.

Das Bier schmeckt genauso gut wie damals. So gut wie immer. Ein Mann kommt herein. Ein wenig unsicher im Gang. Ein wenig ungeschickt. Ein wenig verloren. Und sommerlich gekleidet. Er steht im Eingang, in einem leichten schwarzen Übergangsmantel und ohne Schal. So wie jeder hier schaut auch er zuerst in die Augen des Ochsen an der Wand.

Auch dieser Gast muss nicht fragen und bekommt gleich sein Bier. Er umfasst das Glas mit beiden Händen, als sollte das Bier seine Hände wärmen. Oder seine Hände das Bier kühlen. Dann trinkt er von seinem Bier.

Als das Glas leer ist, leuchtet sein Kopf auf wie eine alte Glühbirne. Es ist ein weiches gelbes Licht. Alle verstummen und schauen auf den leuchtenden Mann, und

der leuchtende Mann schaut auf das Lokal. Und dann steht er auf, bezahlt und geht.

»Kennt jemand den, diesen Leuchtturm?«, fragt ein Stammgast.

Doch niemand kennt den Mann, diesen Leuchtturm von Prag.

»Vielleicht haben wir nur geträumt«, sagt ein anderer Stammgast.

Und seine Frau sagt: »Nach fünf Bier fängst auch du an zu leuchten. Und nach zwei Rum.«

»Ja, vielleicht, aber doch nicht so, wie dieser Leuchtturm.«

»Doch, doch, genauso.«

»Aber das ist doch nicht normal …«

»Doch, in Prag passieren solche Dinge, hat schon meine Oma gesagt. Und heute ist auch noch Weihnachten.«

Und dann wird auf Weihnachten angestoßen und auf den Karpfen in der Badewanne und auf die Kinder und auf die Enkelkinder und auf das Wohl und auf Sparta Prag und auf Slavia Prag und auf Bohemians Prag und auf die Liebe und auf das Glück und darauf, dass man sich in einem Jahr wieder an diesem Tisch in diesem Lokal trifft und nicht auf einem Friedhof, und wenn doch auf einem Friedhof, dann zumindest auf einem, wo es gut gezapftes Bier gibt, so wie hier.

Ich stehe auch auf und will gehen, und der Wirt sagt:

»Nur ein Bier, das lohnt sich doch nicht. Das macht einen doch nur traurig.«

»Ich muss noch weiter.«

»Ach so, du drehst die Zoorunde! Zum Schwarzen Ochsen, Zum Kater, Zum Nilpferd und dann über die Moldau Zu den zwei Katzen, Zum Goldenen Tiger, Zu den Bärchen und, nicht zu vergessen, Zum kleinen Hirschen. Wenn eine Kneipe in der Altstadt einen Tiernamen hat, ist es eine gute Kneipe. Man kann natürlich noch weiterziehen, auch am Heiligen Abend. Mache ich auch oft, das ist eine schöne Tradition. Ich mag es auch, meinen Gästen dabei zuzusehen, wie sie sich hier in Tiere verwandeln. Aber es sind alles ganz nette Tiere. Ein betrunkener Ochse prügelt sich nie, ein betrunkener Ochse geht einfach schlafen. Kafka, den kennst du doch, den Schriftsteller?«

»Ja.«

»*Die Verwandlung* … Gregor Samsa wacht auf und sieht sich in einen Käfer verwandelt. Ich glaube, der hat am Abend einfach ein Bier zu viel getrunken. Im Tiger oder Zum kleinen Hirschen oder hier bei mir. Samsa hat einfach am Abend auch eine Zoorunde gedreht, so wie du heute. Aber was kann man machen. Tradition ist Tradition. Das war hier schon immer so.«

»Tradition ist eben Tradition.«

»Genau! Nur unter uns. Einen Leuchtturm wie den eben habe ich hier noch nie gesehen, und ich habe hier eigentlich schon alles gesehen. Einmal wollte sich ein Student bei mir in der Toilette aufhängen, kurz vor Weihnachten, wegen einer Frau. Da habe ich zu ihm gesagt, Junge, das Leben ist doch schön, auf jeden wartet eine Biene und ein Glas Honig. Trink in Ruhe ein Bier, iss eine Wasserleiche, ich mach ja die besten Ertrunkenen von Prag, und alles wird gut. Aus ihm ist sogar ein Minister geworden.«

Der Wirt nimmt einen Schluck aus seinem Glas und sagt: »Am liebsten trinke ich nur den Schaum ... Und dich habe ich hier auch schon mal gesehen.«

»Zum ersten Mal im September 1989.«

»Das kann gut sein. Oder schon im September 1889.«

»Oder so.«

»Du warst hier mit einer Frau.«

»Das stimmt.«

»Siehst du? Der Ochse sieht alles.«

»Frohe Weihnachten.«

»Frohe Weihnachten.«

pivnice
u
černého vola

Es dämmert. Die Straßenlaternen gehen an, und Prag macht langsam die Augen zu. Es schneit. Hier oben, auf dem Berg, ist es immer viel kälter als unten in der Stadt. Ich gehe zur Prager Burg runter und sehe die Kathedrale, wo ich mal einer Polin begegnet bin, die glaubte, zwischen den Betenden den Adalbert von Prag zu sehen und die dann die Polizei alarmierte, damit sie den Mann stellt. Doch es war gar nicht der Adalbert von Prag, der irgendwo im heutigen Ostpolen von den Prußen erschlagen wurde, sondern ein Mann aus der Slowakei. Das wollte die Frau ihm nicht glauben. Sie verlangte, dass die Polizei den Adalbert von Prag verhaftet. Heilige dürfen nicht lügen. Und der Adalbert von Prag schon gar nicht.

Den armen Mann habe ich später im Wirtshaus Zum Kater wiedergetroffen. Er war völlig erschöpft und müde und sagte zu seiner Frau, dass er nie wieder nach Prag fahren wolle. »Aber du siehst wirklich ein bisschen wie der Adalbert aus«, sagte seine Frau. Da stand der Mann auf und ging.

Ich gehe weiter und lasse mich durch die Nerudova ulice runter zur Kleinseite treiben, das nasse Kopfsteinpflaster glänzt, die Katzenköpfe, wie man in Prag sagt. Ich überlege, ein Bier im Kater zu trinken, weil das Bier da immer so gut ist. Doch das ist es im Nilpferd leider auch. Ich passe und stehe dann vor dem Smiřický-Palais und versuche noch mal, meine Freunde zu erreichen. Meine Freunde, die ich länger nicht gesehen habe. Meine Freunde, die mich nach Prag eingeladen haben, damit wir zusammen Weihnachten feiern.

Es ist kalt, und ich steige in die Straßenbahn, die zum Nationaltheater fährt. Und von dort fahre ich weiter zum Karlsplatz. Und von dort bis nach Výtoň. Ich habe Lust, in die Sauna zu gehen. Die schönste Sauna von ganz Prag befindet sich hier, auf einem Schiff, direkt an der alten Eisenbahnbrücke. Doch die Sauna, in der man sich in der Moldau abkühlen kann, hat heute zu.

Ich gehe über die Eisenbahnbrücke. Im Nebel sehe ich die Prager Burg. Ganz in der Ferne und doch so nah. Ich schaue in das schwarze Wasser. Auch auf der Brücke wird es langsam dunkel.

Doch dann kommt aus dem Nebel ein Licht auf mich

zu. Es ist der Leuchtturm. Der Mann aus der Kneipe. Der Mann mit dem leuchtenden Kopf. Ich erkenne ihn, und der Mann erkennt mich auch. So stehen wir da in der Dämmerung, der Leuchtturm und ich. Unter uns fließt leise die Moldau.

»Mir ist so warm. Ich weiß nicht, warum mir so warm ist«, sagt der Leuchtturm.

»Warm? Hier zieht es ganz schön. Mir ist kalt.«

»Mir ist so warm.«

Und dann schweigen wir und schauen auf die Moldau und auf die Stadt, und ein Zug fährt über die Brücke, und im Lärm geht alles verloren. Nur die Stadt, die Stadt bleibt. Und der Fluss. Und das Licht.

»Das passiert mir immer nur am Heiligabend.«

»Was?«

»Dass ich leuchte. Dass mir so warm ist. Ich weiß nicht, warum.«

Der nächste Zug kommt.

»Auf dieser Brücke kann ich immer alles hören. Alles, was Prag so erzählt. Ich höre es, auch wenn ein Zug fährt«, sagt er.

Und noch ein Zug in der Gegenrichtung.

»Ich heiße Kavka. Doch alle sagen Kafka zu mir, es geht auch nicht anders. Der Name ist mein Fluch.«

»Meine Tante in Liberec hieß Kafková.«

»Wirklich?«

»Ja. Kafková mit einem F. Schreiben Sie auch Bücher?«

»Nein. Nie. Mit diesem Namen kann man doch nicht schreiben. Ich arbeite bei der Post. Ich sortiere Briefe.«

Der nächste Zug rollt an uns vorbei.

»Aber wer schreibt heute noch Briefe. Früher war es anders, früher war Prag nicht nur eine Bierstadt, sondern auch eine Briefstadt. Nirgendwo sonst wurden so viele Liebesbriefe geschrieben wie in Prag, sagte ein alter Kollege.«

»Hat er die Briefe etwa gelesen?«

»Das musste er gar nicht, das erkennt man schon am Umschlag und an der Schrift, wenn ein Brief ein Liebesbrief ist. Und an der Briefmarke.«

»Kafka hat auch viele Liebesbriefe geschrieben.«

»Ich weiß. Ich ja auch.«

Ein paar Möwen fliegen an uns vorbei.

»Ich habe es gehört, als Kafka gestorben ist. Ich habe es nicht gesehen, aber ich habe es gehört, das letzte Einatmen und das letzte Ausatmen.«

»Das war nicht in Prag, das war in Kierling bei Wien.«

»Ich hab es trotzdem gehört. Und auch, als Hašek gestorben ist.«

»Das war auch nicht hier, das war in Lipnice.«

»Ich weiß. Doch ich habe es gehört. Und auch als sich Hrabal im Krankenhaus aus dem fünften Stockwerk in die Tiefe gestürzt hat. Auch das habe ich gehört.«

»Das ist in Prag passiert, aber trotzdem …«

»Glaub mir, ich hab es gehört, das letzte Einatmen und das letzte Ausatmen. Den letzten Flügelschlag. Hier sieht man sich wieder, auf dieser Eisenbahnbrücke. Hier verwandeln sich Dichter in Vögel. In Tauben, in Krähen, in Möwen, manchmal auch in Turmfal-

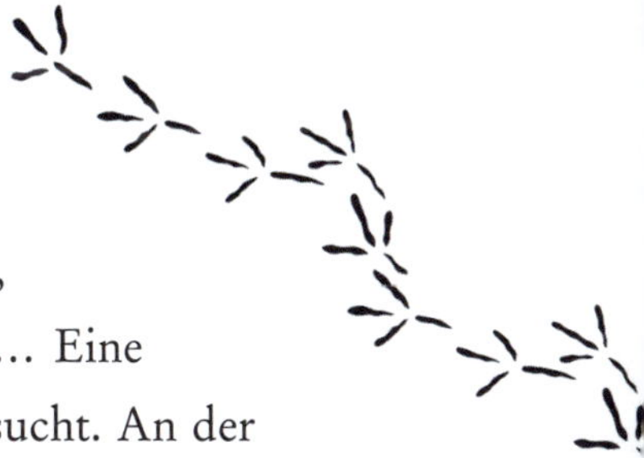

ken. Und hier treffen sie sich, am Wasser unter der Brücke, an der Moldau, siehst du, dort … und dort … und dort … Eine gute Stelle haben sie sich ausgesucht. An der Karlsbrücke würden die Menschen sie stören, hier haben sie ihre Ruhe.«

Wir schauen in die Strömung. Ins dunkle Wasser. Die Moldau glänzt im Licht der Laternen. Überall tanzen große und kleine und dunkle und helle Kreise und Schneeflocken.

»Siehst du es auch?«

»Ja.«

»Da tanzen sie, die Ertrunkenen.«

Ich denke an einen Freund, den wir im Wirtshaus Zum Ausgeschossenen Auge den Ertrunkenen nannten, weil man an seinen Augen immer erkennen konnte, wie ertrunken der Ertrunkene an diesem Abend schon war. Wie viele Biere er schon getrunken hatte. Biere, nicht Schnaps. Denn Schnaps hat der Ertrunkene nie getrunken. Denn der Ertrunkene sagte immer, dass man in Prag so viel Bier trinken kann, wie man will, und so viel, wie man schafft, aber wer Schnaps trinkt, der hat ein Alkoholproblem, und das habe er nicht.

Nur ein einziges Mal im Leben hat der Ertrunkene Schnaps getrunken.

Am nächsten Tag ist seine Frau ausgezogen. Warum, das haben wir nie erfahren. So hat der Ertrunkene immer nur Bier getrunken. An seinen Augen konnte man dann den Pegel des Bieres wie auf einer Bieruhr ablesen, so wie man hier unter der Eisenbahnbrücke an einer Wasseruhr den Pegel der Moldau ablesen kann.

Nach der Trennung kam der Ertrunkene im Ausgeschossenen Auge unter. Das Lokal war sein Wohnzimmer und oft auch sein Schlafzimmer, und die Gäste waren seine Familie, mit der er seine Geburtstage feierte. Und Weihnachten auch.

Der Ertrunkene wollte schon immer die Moldau durchschwimmen, hier, direkt an der Eisenbahnbrücke, an der schönsten Brücke in ganz Prag, wie er sagte. Jeder Prager sollte es mal versuchen, und jeder Prager sollte es auch mal schaffen, sagte er. Das schafft jeder, auch nach fünf Bier, sagte er. Die Moldau liebt dich, die Moldau lässt dich nicht im Stich. Die Moldau lässt dich nicht untergehen, sagte er. Die Moldau liebt ihre Prager, du musst vorher nur kurz zu ihr beten, hat er immer gesagt.

Moldau, Moldau, du dunkler Fluss
Moldau, Moldau, gib mir einen Kuss

Der Ertrunkene musste wissen, wie man mit der Moldau spricht. Er war ein echter Prager aus Smíchov, kein Prager wie wir aus dem Riesengebirge oder aus dem Altvatergebirge oder aus einem anderen böhmischen, mährischen oder schlesischen Gebirge. Oder aus dem Böhmischen Paradies so wie ich.

Aber die Moldau hat nicht auf meinen Freund aufgepasst. Und so ist der Ertrunkene in der Moldau ertrunken. Nicht im Bier, wie ihm jahrelang vorhergesagt wurde. In der Moldau.

Seine Wasserleiche wurde nie gefunden. Die Moldau hat den Ertrunkenen sanft in ihre kalten Arme genommen und ihn bis nach Mělník gebracht. Dort reichte sie den Ertrunkenen an die Elbe weiter, und die Elbe brachte den Ertrunkenen nach Ústí nad Labem und nach Dresden und Magdeburg und Wittenberge und bis nach Hamburg, wo die Elbe den Ertrunkenen an die Nordsee weiterreichte. Und die Nordsee übergab den Ertrunkenen dann an die Sterne, die aus der Höhe des Himmels in das endlose und tiefe Wasser der Nordsee fallen, was man sogar von Prag aus beobachten kann.

Wir ziehen durch Smíchov, Kafka und ich. Mir ist kalt, und Kafka ist warm. Wir gehen an der Brauerei vorbei und bleiben kurz an der Kreuzung am Anděl stehen, dann gehen wir weiter. Und ich erzähle etwas, und Kafka hört nicht zu, und Kafka erzählt etwas, und ich höre ihm auch nicht zu, und sein Kopf leuchtet wie eine Gaslaterne. Mit dem gelben, weichen, heiligen Licht von Prag, in dem sich alles verliert.

Zwei Fischverkäufer stehen an einem riesigen Bottich, rauchen und trinken Grog. Auf ihrem Pult liegen eine Waage, ein Messer, ein Holzbrett und ein Beil. Und abgehackte, blutige Karpfenköpfe. Die Verkäufer bieten uns die letzten beiden Weihnachtskarpfen an. Doch wir wollen keine Karpfen.

»Den einen bekommst du gratis, weil du so strahlst, du Weihnachtsbaum«, sagt der eine Verkäufer.

»Wir essen keine toten Dichter«, sagt Kafka.

»Wie meinst du das, tote Dichter?«, fragt der andere Verkäufer.

Die Verkäufer sehen wie Henker aus, und sie sind auch Henker.

Kafka sagt nichts mehr und geht weiter.

»Das sagt er nur so«, sage ich.

Wir gehen, und die Karpfenverkäufer schauen uns nach, und einer ruft uns hinterher: »Du solltest gleich nach Weihnachten mal zum Irrenarzt gehen, du Gasfunzel!«

Wir gehen weiter.

»Ich dachte, die toten Dichter verwandeln sich in Vögel«, sage ich zu Kafka.

»Nur die Dichter, die fliegen können. Die anderen, die zu viel getrunken haben, verwandeln sich in Karpfen.«

»Also Kafka ist jetzt eine Möwe und Hašek ein Karpfen, weil er so viel gesoffen hat.«

»Vermutlich schon. Aber aus Kafka ist wohl eher eine Taube geworden. Hast du das Blut gesehen?«

»Ja.«

»Ich kann kein Blut sehen. Früher hat man in Prag öffentlich Menschen abgeschlachtet. Heute werden in Prag Karpfen geschlachtet.«

»Ich sehe da schon einen Fortschritt ... Karpfen statt Menschen.«

»Ich nicht. Weihnachten in Prag ist ein Schlachtfest.«

»Und die toten Musiker von Prag? Verwandeln die sich auch in irgendwas?«

»Alle Künstler verwandeln sich. Aber das passiert nur hier in Prag. Das liegt an dem Licht und an der Moldau. Und auch an dem Bier.«

»Ein Freund von mir war Musiker, der Ertrunkene.«

»Hat er viel getrunken?«

»Eigentlich nicht … Obwohl … Eigentlich schon.«

»Dann ist er wohl auch ein Karpfen.«

»Das ist doch Schwachsinn.«

Ich schaue Kafka an. Und gehe dann zurück und kaufe die beiden letzten Weihnachtskarpfen.

»Gute Wahl«, sagt der Verkäufer. »Schlachten und ausnehmen?«

»Nein.«

Wir gehen weiter, und ich trage die beiden Karpfen in einer Plastiktüte, die mit Wasser gefüllt ist. Mein Handy klingelt. Meine Freunde rufen endlich zurück. Doch es sind nicht meine Freunde, es ist meine Mutter. Sie möchte wissen, ob ich gut in Prag angekommen bin. Doch ich weiß, dass es mein Vater ist, der das wissen will. Seitdem ich in Prag verloren ging, hat er Angst, dass es mir wieder passiert. Es ist mir sogar öfter passiert, doch das weiß mein Vater nicht, und meine Mutter auch nicht. Wir wünschen uns frohe Weihnachten. Wir sehen uns morgen.

Eine Straßenbahn fährt an uns vorbei. Rot und weiß und leer. Schon wieder dieses Licht. Das Licht eines Heiligenscheins. Das Licht einer Gaslaterne. Das Licht von Kafka und seinem Kopf. Das Licht von Prag, in dem sich Dichter in Vögel und Fische verwandeln.

Wir gehen über die leere Karlsbrücke, und es weht ein eisiger Wind. Die schwarzen Heiligen, die einem hier drohen, jagen mir die gleiche Angst ein wie damals, als ich sie mit sechs zum ersten Mal sah.

Eine Frau kommt uns entgegen. Sie geht schnell, in der Mitte der Brücke, schaut nicht nach rechts, schaut

nicht nach links, schaut nur auf ihre Füße und brabbelt etwas vor sich hin.

»Es ist nur eine Brücke. Nicht ins Wasser schauen. Nicht auf die Heiligen schauen. Es ist nur eine Brücke.«

Sie geht an uns vorbei, und wir sehen ihr nach, grüßen den heiligen Nepomuk, der in der Moldau ertränkt wurde, und schauen zur Prager Burg hoch. Ich denke daran, wie ich mal Hana von hier bis nach oben zur Burg getragen habe. Hana und eine Flasche Rum, die ich meinem Vater zu Hause geklaut hatte. Und wie wir hier mit Nepomuk angestoßen haben.

»Zur Burg? Das schaffst du nie«, hatte Hana gesagt.

Doch ich habe es geschafft.

Als wir oben waren, war die Rumflasche leer und das Licht auf dem Hradschin ging aus. Wir küssten uns und schauten auf die schlafende Stadt. Und nahmen dann die Nachtstraßenbahn nach Žižkov und kletterten über die Mauer auf den Jüdischen Friedhof. Wir wollten Kafka besuchen. Den echten Kafka, nicht den Kavka-Kafka, mit dem ich jetzt über die Karlsbrücke gehe.

Und dann stehen wir an der Moldau unter der Karlsbrücke, Kafka und ich.

»Die Tschechen sagen Vltava zur Moldau. Wie aus der Vltava die Moldau wurde, oder aus der Moldau die Vltava, das bleibt mir ein Rätsel«, sagt Kafka.

Ich mache die Tüte auf und lasse die Karpfen im dunklen Wasser verschwinden.

»Einmal habe ich vor Weihnachten einen ganzen Bottich leer gekauft. Und habe die Karpfen freigelassen, so wie du jetzt. Dann hat mir jemand in der Kneipe erzählt, dass die Karpfen so ausgehungert sind, dass sie in der Moldau gleich untergehen und sterben.«

»Das hättest du mir auch vorher sagen können.«

»Vielleicht sterben ja nicht alle. Oder werden gleich wiedergeboren. Gleich zu Weihnachten.«

Wir sitzen im Anker, Kafka und ich. In einem Lokal an der Kreuzung von der Lazarská und der Spálená. An einer Kreuzung von vielen Lebenswegen. An einer

Kreuzung von vielen Prager Geschichten. Kafkas Kopf leuchtet wie ein Leuchtturm an der Nordsee.

Irgendwie passt er gut in dieses Wirtshaus. In keinem Lokal ist die Nordsee so nah wie hier. Die Nordsee, der Wind und die Wellen, die untergehen und wiedergeboren werden. Das tiefe Wasser und der Sturm. Das Zerschellen an den Kliffen und Eisbergen. Der Untergang. Die ertrunkenen Sterne, Dichter und Musiker.

In diesem Lokal öffnet sich die Prager Unterwelt. Hier fühlt man sich wie auf der Titanic. Hier kann man versinken und ertrinken, und man kriegt es gar nicht mit. Gut, dass es an den Wänden Rettungsringe gibt. Wer vergisst, sich einen zu schnappen und wegzuschwimmen, der bleibt zurück auf dieser Titanic, für immer.

Mir ist kalt, und Kafka ist warm, und meine Freunde melden sich immer noch nicht. Ich weiß nicht, wie oft Kafka hier gestrandet ist, aber mir ist es schon öfter passiert. Mit Igor und Joachim. Mit Dušan und Jaromír. Und auch mit Hana. Tradition ist Tradition. Hier trinkt man oft das letzte Bier der Nacht. Hier wartet man nach einer Zoorunde auf die Straßenbahnen, die durch die Nacht

kreuzen und direkt vor der Kneipe wie kleine Schiffe vor Anker gehen. Die Schienen der Straßenbahnen bilden auf der Kreuzung auch einen Anker.

Der Wirt kommt vorbei und sagt das, was er immer sagt: »Jungs, passt bitte auf eure Sachen auf, ja? Danke.«

An der Theke steht ein großer Mann, ein Felsen ohne Haare, dafür mit viel Gold an den Fingern und an den Ohren und auch im Mund. Und mit einem tätowierten Anker am Arm. Der Mann steht da und scheint sich nicht zu bewegen. Ein Fels in diesem rauen Meer von Menschen und Geschichten.

»Der König von Prag«, sagt der Wirt und geht.

Ich habe den Mann hier schon einmal gesehen, aber ich wusste nicht, dass er König von Prag heißt. Als er auf die Toilette geht, frage ich den Wirt, warum der König von Prag der König von Prag heißt. »Der König von Prag hat die Schlüssel zur ganzen Stadt«, sagt der Wirt. »Zu allen Häusern und Wohnungen und Palästen und Kirchen und auch zur Prager Burg.«

In dem Moment kommt der König von Prag zurück und setzt sich zu uns.

»Na, Jungs, alles klar?

Wir nicken.

»Der Chef hat recht, passt auf eure Sachen auf.«

Wir nicken.

Auf der Theke steht ein winziger Weihnachtsbaum, der nicht aus dem Riesengebirge oder aus dem Altvatergebirge und sicher auch nicht aus dem Böhmischen Paradies kommt, sondern aus Asien. Sonst sieht es hier nicht nach Weihnachten aus. Die Menschen, die im Anker sitzen, sitzen hier heute genauso wie an jedem anderen Tag. Die Jukebox spielt Heavy Metal.

»Ich weiß nicht, warum die Leute heutzutage nicht auf ihre Wertsachen aufpassen. Da muss man sich nicht wundern, dass ständig etwas verloren geht. Keine Ahnung, warum die Leute so dumm sind. Und wie hat der Weihnachtskarpfen geschmeckt?«

»Ich esse keinen Karpfen«, sagt Kafka.

»Ich auch nicht, ist mir zu fettig. Ich esse nur Bratwürste. Und habt ihr schon was Schönes unterm Weihnachtsbaum gefunden?«

»Wir warten noch auf das Christkind«, sage ich.

»Ich auch. Heute habe ich frei, aber morgen muss ich arbeiten … Man sagt, das Christkind sei unsichtbar, aber ich habe es schon öfter gesehen. Immer nach Mitternacht, da trinkt das Christkind hier mit uns ein Glas Bier. Ein kleines. Und dann steht das Christkind auf und sagt: Wir sehen uns in einem Jahr wieder. Und steigt in die Straßenbahn, und weg ist es.«

»Welche Nummer?«, fragt Kafka.

»Wie, welche Nummer?«

»Welche Straßenbahn? Neun, Vierzehn, Zweiundzwanzig?«

»Weiß ich nicht … Aber eins sage ich dir, Gaslaterne. Das Christkind hat kein Zuhause, keine Kirche oder so. Das Christkind ist das ganze Jahr mit den Straßenbahnen unterwegs, wie ein verlorenes Kind.«

»Ja, aber mit welcher Straßenbahn? Der König von Prag muss doch alles wissen.«

»Nein. Im Leben geht's nur um Geheimnisse und in Prag eben auch. Ich weiß zum Beispiel auch nicht, warum du so leuchtest, du Glühbirne!«

»Ich auch nicht.«

»Siehst du? Seid ihr auf der Flucht?«

»Eigentlich nicht.«

»Alle, die in den Anker kommen, sind auf der Flucht. Vielleicht auch das Christkind. Noch ein Bier?«

Wir nicken.

»Ich bin kein schlechter Mensch. Ich bin gut. Ich bin genauso gut wie das Christkind, das bald hier aufkreuzen wird, wir müssen nur noch ein wenig warten auf das Christkind von Prag ...«

Wir stoßen an.

»Und du hast wirklich alle Schlüssel von Prag?«, frage ich.

»Willst du sie sehen?«

»Vielleicht lieber nicht«, sagt Kafka.

»Ich kann es dir beibringen, wie man alle Türen und Schlösser in Prag aufsperrt ... Wie heißt du eigentlich?«

»Kafka.«

»Kafka, so wie der Kafka?«

»Ja, aber der bin ich nicht. Eigentlich heiße ich Kavka. Doch alle sagen Kafka zu mir.«

»Kafka oder Kavka, das ist doch egal.«

»Nein, ist es nicht. Mich macht es schon etwas traurig.«

»Traurig … Wenn ich dir erzählen würde, was mich alles traurig macht. Ich bringe es dir bei, du Kafka. Mein Weihnachtsgeschenk. Und dir auch, Brillenschlange … Wie heißt du?

»Jára.«

»Wie mein Sohn! Aber den darf ich nicht sehen … Tja, meine Kinder lieben mich, die Mütter meiner Kinder lieben mich nicht«, sagt der König von Prag. »Schau mich an. So sieht doch kein Gauner aus! Ich bringe euch bei, wie man ganz Prag aufsperrt. Kannst du was spielen, Kafka?«

»Nicht wirklich.«

»Und du?«

»Auch nicht wirklich.«

»Keine Gitarre, nix? Dann wird es schwierig … Meine Schlüssel trage ich im Ohr. Du musst an den Türen nur gut zuhören, was für eine Musik das Schloss spielt. Musik ist so schön ... Na, egal, ich bringe es euch später mal bei, wie man überall reinkommt. Zuerst ab in die Musikschule mit euch. Ich kann alles spielen. Sogar Cembalo.«

»Ja, vielleicht wirklich ein anderes Mal. Wir müssen jetzt auch schon los ...«

»Wohin denn, hier ist es doch schön. Im Anker geht die Welt nicht unter. Schau dich um, hier ist schon alles passiert.«

»Wir müssen weiter, wir haben Hunger.«

Wir stehen auf, und der König von Prag sagt: »Hunger? Wartet, ich komme mit. Prag hat immer Hunger. Und der König von Prag auch.«

»Aber dann wirst du das Christkind verpassen.«

»Werde ich nicht. Und ihr auch nicht.«

Und so gehen wir, Kafka, der König von Prag und ich. Wir gehen durch die Spálená und durch die Ostrovní und dann zur Národní und essen an einem Kiosk Bratwürste, und der König von Prag schwärmt von dem besten Kartoffelsalat, den eine von seinen vielen Frauen mal zu Weihnachten zubereitet hat, und ich denke dabei an den Kartoffelsalat von meiner Mutter und an die Karpfenschnitzel, die morgen im Böhmischen Paradies auf mich warten und die am besten kalt schmecken, und Kafka denkt auch an etwas, weil er plötzlich sagt: »Wir werden wohl gerade verhaftet.«

Ein Polizeiwagen fährt im Schritttempo an uns vorbei. Aber wir werden nicht verhaftet. Der König von Prag grüßt die drei Polizisten wie seine besten Freunde und wünscht ihnen frohe Weihnachten, und die Polizisten grüßen den König von Prag zurück und wünschen ihm auch frohe Weihnachten.

Die Polizisten schauen fasziniert auf Kafka und auf seinen leuchtenden Kopf. Sie fragen den König von Prag, ob Kafka ein Zirkuskünstler oder ein Verrückter sei, und der König von Prag zuckt mit den Schultern und sagt, jeder Verrückte ist ein Zirkuskünstler, und jeder Zirkuskünstler ist ein Verrückter. So auch jeder Prager.

Die Polizisten fragen dann noch den König von Prag, ob er über Weihnachten brav sein werde, und der König von Prag verspricht den Polizisten, dass er brav bleiben wird.

»Wie denn sonst. Sehe ich etwa aus wie ein Gauner?«

Die Polizisten lachen, und plötzlich schalten sie das Blaulicht an und sind weg.

Wir gehen weiter, und ich schaue auf mein Handy. Meine Freunde melden sich nicht. Wir gehen unter den hohen Häusern entlang, und Kafka leuchtet uns den Weg. Es ist ein gelbes, weiches, warmes, beschützendes Licht, dem nicht zu entkommen ist.

Dieses Licht scheint überall zu sein. Es ist das Licht der Straßenlampen und Straßenbahnen, das Licht der Kneipen und vollen Biergläser, das Licht der Liebenden und Verlassenen. Das Licht der Bordelle und Casinos, das Licht der Heiligen und Gekreuzigten, das Licht der Kirchen und Krankenhäuser. Das Licht der Weihnachtsbäume und Kerzen auf den Friedhöfen und der Weichenlampen auf den Bahnhöfen. Das Licht der Augen von Katzen und Hunden und Ratten. Das Licht des Lebens und das Licht der Angst. Das Licht der Ecken, in denen es nach Liebe duftet. Das Licht der Ecken, in denen es nach Blut und Urin stinkt. Das Leuchten des Goldes an den Ohren und an den Fingern und an den Zähnen des Königs von Prag. Das Licht von Kafka und seinem Kopf. Es ist ein Licht, das keinen Anfang und kein Ende hat. Das ewige Licht von Prag.

Doch plötzlich ist das Licht nicht mehr gelb, sondern rot. Es funkelt und blitzt und kracht. Ein Gewitter zieht auf. Die Häuser fangen Feuer. Das Nationaltheater brennt. Das Café Slavia brennt. Die Brücke über die Moldau brennt. Der Hradschin in der Ferne brennt. Die Bäume brennen. Die Vögel brennen. Die ganze Stadt brennt. Ganz Prag geht in diesem Feuer unter. Und die Gleise der Straßenbahnen brennen auch.

Wie stehen an der Kreuzung beim Nationaltheater und sehen, wie drei Arbeiter an den Schienen und Weichen schweißen.

Mein Vater sagte immer zu mir, man solle beim Schweißen nicht in die tanzenden Funken und Lichtblitze schauen, sonst wird man blind. Doch ich habe das immer getan und mein Vater sicher auch. So stehen wir da, Kafka, der König von Prag und ich, wir stehen inmitten dieses Gewitters und schauen in das Feuer. In die Hölle.

Und der König von Prag sagt: »Einmal habe ich den Weihnachtsbaum abgefackelt. Und es hat genauso gebrannt, genauso wie hier. Seitdem haben wir uns nicht mehr richtig verstanden, der Stiefvater und ich. Seitdem haben wir uns geprügelt. Ein Jahr später bin ich am Heiligabend abgehauen. Bus … Zug … Prag. Und dann war ich hier. Ich war zwölf.«

Und dann schweigt der König von Prag und schaut in die Funken. In das Feuer. In den Vulkan.

»Was hat er?«, fragt mich ein Schweißer, als er sich eine Zigarette anzündet.

»Das ist der König von Prag.«

»Den kenne ich doch … Aber der andere da. Hat der zu viel getrunken? Oder zu wenig? Oder warum leuchtet sein Kopf so?«, zeigt er auf Kafka, und Kafka schweigt.

»Was soll er schon haben? Das geht dich nichts an. Bei dem einem leuchtet es in der Birne, bei dem anderen leuchtet es nicht«, sagt der König von Prag.

»Das macht er einfach so«, sage ich. »Immer am Heiligabend. Er weiß nicht, warum ihm das passiert. Er geht durch die Stadt und leuchtet. Einfach so. Wie ein Leuchtturm eben.«

»Und du?«, fragt der Schweißer.

»Was ich?«

»Warum seid ihr nicht zu Hause? Jeder sollte doch heute zu Hause sein, Mensch. Heute ist doch Heiligabend. Da sitzt man auf dem Sofa, wartet auf das Christkind und schaut *Aschenbrödel* im Fernsehen.«

»Ich treffe gleich noch ein paar Freunde. Und morgen geht es zu meiner Familie ins Böhmische Paradies … Und du?«

»Ich werde morgen nur schlafen. Am Abend sind wir wieder dran.«

»Zu Weihnachten?«

»Vor allem zu Weihnachten. Und vor allem am Heiligabend. Da haben wir unsere Ruhe. Keine Leute auf den Straßen, kaum Touristen, kaum Straßenbahnen. Nur solche Trottel wie ihr drei, die kein Zuhause haben.«

»Was soll man machen! Ich muss morgen auch schuften«, sagt der König von Prag. »Alle weg. Alles ruhig. Irgendjemand muss ja arbeiten, wenn alle feiern. Die Ärzte, die Eisenbahner, Menschen wie du und ich, wir sind die Helden der Arbeit … Wir opfern uns auf!«

Das erste Mal ging ich in Prag mit sechs auf dem Hauptbahnhof verloren. Das zweite Mal mit Hana. Das dritte Mal gehe ich gerade jetzt mit Kafka und mit dem König von Prag verloren. Und mit einer Italienerin aus Milano.

Kafka, der König von Prag und ich sind nicht die Einzigen, die sich das Gewitter auf der Kreuzung anschauen. Auch die schönen und stummen Musen auf dem Dach des Nationaltheaters schauen zu. Und die Vögel. Die Dichter von Prag. Und eine Italienerin aus Milano.

Mein Tesoro, sagt die Italienerin, mein Schatz, sagt sie, mein Herzstück, sagt sie, der würde das lieben. Mein Tesoro hat Praga geliebt, er liebte die Prager Kirchen und Kneipen und die Bücher von Kafka und Hašek und Hrabal, aber noch mehr liebte mein Tesoro die alten Prager Straßenbahnen, die ihn an die Straßenbahnen in Milano erinnerten, die ihn wiederum immer an die Straßenbahnen in Prag erinnert haben, wenn er mit seiner Straßenbahn durch Milano fuhr, sagt die Italienerin.

Wir stehen immer noch an der Kreuzung, und die Arbeiter machen kurz Platz für eine Straßenbahn, die leer ist, genau wie die Straßen.

Das Schönste in Praga sind die Straßenbahnschienen und die Straßenbahnweichen und die Straßenbahnen und la neve di Praga e la nebbia di Praga, der Schnee von Prag und der Nebel von Prag, sagte mein Tesoro immer, sagt die Italienerin, mein Schatz, mein Herzstück, sagt sie. Mein Tesoro wollte immer nach Praga zurück. Mein Tesoro wollte ancora una volta la neve di Praga erleben, sagt die Italienerin. Ich möchte noch einmal den Schnee von Prag erleben, den Schnee und den Nebel und das Licht von Prag, sagte mein Tesoro, sagt die Italienerin. Mein Tesoro wollte noch einmal la luce di Praga e il natale di Praga sehen und erleben, das Licht von Prag und Weihnachten von Prag. Und jetzt ist mein Tesoro, il mio bambino di Praga, morto und liegt in Milano auf dem Cimitero Monumentale, wo es eine ganze Abteilung für die Straßenbahnfahrer gibt, obwohl er sich gewünscht hätte, auf einem Friedhof in Praga zu liegen, auf einem der Friedhöfe von Olšany, wo man auch eine Abteilung für die Straßenbahnfahrer hat, denn von dort ist das Quietschen der Straßenbahnen in der Straßenbahnschleife zu hören. Sie wisse das. Denn sie sei heute da gewesen und habe am Grab eines

Straßenbahnfahrers eine Kerze angezündet. Für diesen Straßenbahnfahrer. Für ihren Mann. Für ihren Tesoro, der auch ein Straßenbahnfahrer war. Für alle Straßenbahnfahrer der Welt.

Die Friedhöfe von Olšany in Prag sind genauso schön wie der Cimitero Monumentale in Milano, der Monumentalfriedhof, sagte mein Tesoro immer, sagt uns die Italienerin. Mein Tesoro behauptete, er sei ein Nachfahre der Böhmen gewesen, die zusammen mit dem Herzog Vladislav II. im Sommer 1158 Milano überfallen haben. Überfallen und abgeschlachtet. Seither liebt man in Milano die Böhmen und die Prager gar nicht mehr, oder zumindest seit dem Feldmarschall Radetzky, einem Österreicher, der in Milano über alles und alle herrschte und auch Böhme war, wie der Tesoro immer betonte, betont die Italienerin jetzt.

Und Kafka flüstert mir ins Ohr: »Ich glaube, ich habe mich gerade verliebt.«

Wir stehen immer noch an der Straßenbahnkreuzung und schauen den Schweißern bei der Arbeit zu, und der König von Prag zündet sich eine Zigarette an.

Mein Tesoro hat die Prager und Böhmen über alles geliebt, erzählt die Italienerin weiter. Mein Tesoro hat den Böhmen längst vergeben und den Österreichern auch, erzählt die Italienerin, und Kafka leuchtet nicht mehr, Kafka strahlt.

Ich möchte für immer in Praga eingeschneit bleiben, sagte mein Tesoro oft, sagt die Italienerin, so sehr hat mein Tesoro, mein Schatz, mein Herzstück Praga geliebt und das Bier und die Kirchen und Straßenbahnen und Friedhöfe, und so weiß ich auch, dass mein Tesoro jetzt auf dem Cimitero Monumentale in Milano von Praga träumt, von dem Schnee und dem Regen und dem Nebel und dem Licht und Weihnachten in Prag und von den Straßenbahnen, denn mein Tesoro war auch ein Tranviere, ein Straßenbahnfahrer, ein Manetta, wie mein Tesoro immer sagte. In seiner Straßenbahn dachte mein Tesoro immer an Praga. Eigentlich sei Praga eine italienische Stadt, sagte mein Tesoro immer, sagt die Italienerin. Wenn die Deutschen behaupten, Prag sei eine deutsche Stadt, liegen sie falsch, doch die Deutschen liegen sowieso immer falsch, sagte mein Tesoro, sagt die Italienerin, doch auch die Tschechen, die behaupten, Prag sei eine tschechische Stadt, liegen falsch, denn Praga ist die nördlichste Stadt Italiens, Praga ist die schönste italienische Stadt, Praga ist viel schöner als Bologna, viel schöner sogar als Venezia, Napoli oder Roma und natürlich auch viel schöner als Milano, das eine hässliche Stadt mit viel Lärm und schlechter Luft und Mücken ist, wie mein Tesoro immer sagte, sagt die Italienerin, ganz anders als Praga, das wunderschön ist, Praga, die schönste Stadt in ganz Italien, man muss sich nur die Häuser und Paläste und Kirchen und die Friedhöfe und

die Statuen an der Karlsbrücke und die ganze barocke Pracht anschauen, dann erkennt man Italia a Praga, sagte mein Tesoro immer, sagt uns die Italienerin. Und dann sagt sie nichts mehr und fängt an zu weinen, und Kafka reicht ihr ein Taschentuch. Und dann noch eins.

»Tresoro? Von welchem Tresor redet die Alte denn da?«, fragt uns der König von Prag. »Kann mir das bitte mal jemand erklären?«

»Sie sagt Tesoro, nicht Tresoro«, sagt Kafka.

»Nein, sie sagt Tresoro. Tre-so-ro. Kannst du sie fragen?«, sagt der König von Prag.

Kafka versucht, das dem König von Prag zu erklären und zu übersetzen, denn die Italienerin wechselt zwi-

schen Italienisch und Deutsch und Deutsch und Italienisch, denn sie ist in Brixen aufgewachsen, wo man Italienisch und Deutsch spricht. Doch der König von Prag spricht kein Italienisch und nur sehr wenig Deutsch.

Der König von Prag ist sehr traurig, als er von Kafka erfährt, dass es wirklich nur um den Mann, das Herzstück, den Schatz der Italienerin geht und nicht um einen Tresor.

Wir gehen weiter, und Kafka, der wie jeder alte Prager fließend Deutsch und Tschechisch spricht, obwohl er gar nicht so alt ist, höchstens Ende dreißig, blüht neben der Italienerin auf. Er erzählt der Italienerin, wie er in Italien auch Praga entdeckt hat, er hat gesehen, dass die italienischen Städte wie böhmische aussehen, denn er war in Riva del Garda, Merano, Venezia, Brescia und auch in Milano. In Mailand, wie die Deutschen sagen. In Milán, wie die Tschechen sagen.

»Und wo haben Sie Italienisch gelernt?«, fragt die Italienerin.

»Im Zug nach Italien«, sagt Kafka.

»Und Sie?«, wendet die Italienerin sich an mich.

»Auch im Zug.«

»Und wie heißen Sie eigentlich?«

»Jára.«

»Kafka.«

»Kafka, wie der Kafka, der Schriftsteller?«

»Eigentlich schreibt es sich Kavka. Doch man spricht es hier so aus. Aus jedem Kavka wird am Ende ein Kafka.«

»Und der da?«, schaut die Italienerin zum König von Prag, der sich gerade das Schloss an einer Haustür anschaut.

»Das ist der König von Prag«, sagt Kafka. »Il Re di Praga.«

»Und thront er oben auf der Prager Burg?«

»Nein. Er thront unten im Anker«, sagt Kafka. »Er ist ja nur der König von Prag, und nicht von ganz Böhmen.«

»Ach, die Birreria mit den Straßenbahnen. Da hat mein Tesoro so gern Bier getrunken. Ich heiße Stella«, sagt die Italienerin.

Und Kafka flüstert mir wieder ins Ohr: »Stella. Ich habe mich wirklich verliebt.«

Wir ziehen durch Prag: Kafka, die Italienerin, der König von Prag und ich. Kafka leuchtet uns den Weg und redet mit der Italienerin wie mit einer alten Freundin. Er zeigt ihr die Häuser, die Geschäfte und die Heiligen. Wir sehen eine Katze, einen Hund und einen Mann mit einer Tuba, der an einer Ecke steht und auf der Tuba »Stille Nacht, heilige Nacht« spielt.

Die Italienerin schaut sich um und sagt: »Praga è così bella, ist so wunderschön, so, so schön. Praga caput regni, sagte mein Tesoro immer.«

Der König von Prag hört das. »Genau, so ist es, Prag ist wirklich kaputt. Prag ist tot. Kein Tresoso, nix,

niente. Vielleicht früher, das waren noch Zeiten. Nur noch zu Weihnachten gehört die ganze Stadt mir.«

Wir gehen weiter und hören von irgendwoher Kirchenglocken. Es ist kalt, und der Wind wird immer eisiger, und meine Freunde melden sich nicht. Wir sehen die leuchtenden und geschmückten Christbäume in den Wohnungen und hören die Weihnachtslieder und das Lachen der Kinder, und der König von Prag bleibt vor einem Haus stehen und sagt, auch hier wollte das Christkind ein Geschenk vorbeibringen, doch man hat es nicht ins Haus hineingelassen. Und dann holt er ein kleines Geschenk aus der Tasche, lässt es an der Tür stehen und flüstert: »Frohe Weihnachten.«

»Meine Kinder lieben mich, die Mütter meiner Kinder lieben mich nicht«, sagt der König von Prag traurig, und ich versuche, es der Italienerin zu übersetzen. Und dann umarmt die Italienerin den König von Prag und sagt: »Alles wird gut.«

Und der König von Prag sagt: »Na klar! Morgen wird alles wieder gut, morgen fahren alle Prager aufs Land. Morgen wird gearbeitet. Morgen Tresoro.«

»Tresoro?«, fragt die Italienerin.

»Tesoro«, sagt der König von Prag und lacht, und die Italienerin lacht auch. »Stella, du heißt Stella, ja? Ich bin Milano. Milano aus Prag.«

»Milano?«

»Milan«, sagt der König von Prag.

Wir ziehen weiter, und Kafka leuchtet uns den Weg. Er redet mit der Italienerin und legt seinen Arm um ihre Schulter.

Der König von Prag sagt: »Wir müssen jetzt in eine Kirche gehen. Wir müssen zum Christkind beten.«

Dann streitet er mit Kafka, welche die schönste Prager Kirche ist. Ich muss es der Italienerin übersetzen, und die Italienerin sagt: »Maria Schnee.«

»Maria Schnee?«, schaut der König von Prag die Italienerin an. »Da war ich noch nie. Ich war nur im Biergarten gleich daneben, U Pinkasů. Das ist eigentlich auch eine schöne Kirche.«

»Mein Tesoro hat immer gesagt, dass in Italien neben jeder Kirche ein Friedhof ist. Nur in Prag ist der Friedhof ein Biergarten«, sagt die Italienerin.

»Maria Schnee ist wirklich schön«, sagt Kafka und schaut die Italienerin lange an.

Maria Schnee leuchtet in die Nacht, wie auch Kafka in die Nacht leuchtet. Die Kirche ist von diesem weichen gelben Licht überflutet. Doch außer uns ist noch niemand hier. Für die Christmette ist es zu früh.

Es ist so still, dass man hören kann, wie die Heiligen an den Wänden und auf dem Altar atmen und seufzen und miteinander reden. Wie sie über die Menschen klagen und sich beschweren. Wie sie über die Menschen lachen.

Der König von Prag bekreuzigt sich und betet auf einer Bank so, wie es nur die Könige von Prag tun.

»Du siehst es, Jesus, wie ich leide, du siehst es doch! Und du, Maria Schnee, du siehst es auch … Nur noch morgen, nur noch einmal, und dann lasse ich es. Ich schwöre es bei meiner Mutter. Nur noch morgen. Nur noch dieses Weihnachten. Nur noch einmal alle Prager Schlösser aufsperren.«

Kafka leuchtet nicht mehr. Er glüht jetzt sanft wie das ewige Licht auf dem Altar.

Die Italienerin schaut gebannt auf eine leere Kanzel. Man sieht nur einen Arm mit einem Kruzifix in der Hand. Aber sie scheint dort jemanden zu erkennen. »Ich liebe diese Kirche, denn wenn ich diesen Arm, diese Hand sehe, sehe ich auch meinen Mann. Mein Tesoro hatte sehr schöne Hände, die immer warm waren. Die waren immer für mich da.«

Und dann berührt die Italienerin die Hände von Kafka, und Kafka sagt: »Mir ist so warm. Ich weiß nicht, warum mir so warm ist, auch wenn es so kalt ist. Aber so geht's mir immer am Heiligabend.«

Die Italienerin nimmt seine Hand, legt sie auf ihre Stirn und sagt: »Wirklich. Genauso warme Hände hatte mein Mann, mein Schatz, mein Tesoro auch. Und jetzt ist er weg.«

Und draußen vor der Kirche flüstert mir Kafka ins Ohr: »Ich glaube, Stella hat sich auch in mich verliebt.«

Wir gehen weiter, und irgendwann stehen wir unter der Astronomischen Uhr am Altstädter Ring. Wir schauen hoch zur Uhr und zum Tod, zu einer Statue des Todes, und der Tod, der keine Statue ist, sondern der echte Tod, wie Kafka sagt, schaut zurück zu uns nach unten.

Dann gehen wir auf dem Platz verloren. Jeder in seinen Gedanken über das Leben und über den Tod und über Weihnachten. Wir finden uns im weichen gelben Licht unter einem großen Weihnachtsbaum wieder. Unter einer Fichte aus dem Riesengebirge oder aus dem Altvatergebirge oder aus einem anderen Gebirge. Oder aus dem Böhmischen Paradies.

Der Platz ist leer. Die Bottiche mit den Karpfen sind schon weg. Und die Henker auch. Was geblieben ist, sind die blutigen Augen und Schuppen auf dem verschneiten Kopfsteinpflaster.

Und der König von Prag sagt: »Und wo sind die Geschenke? Unter einen Weihnachtsbaum gehören doch Geschenke! Irgendjemand muss schon vor uns hier gewesen sein. Ich kenne doch meine Prager. Alles Verbrecher! Auf der Burg, unter der Burg, in der Burg. Alles Gauner und Ganoven. In Prag musst du immer aufpassen, mit wem du Bier trinken gehst. Ich kenne Prag, ich kenne meine Prager ...«

Und dann brüllt er plötzlich los: »Weihnachtsgeschenke darf man doch nicht klauen!«

Es hallt über den leeren Platz, doch niemand hört ihn. Alles ist still.

»Vielleicht sind wir vier ja die Weihnachtsgeschenke«, sagt Kafka.

»Wir? Du vielleicht, Gaslaterne, aber ich als Weihnachtsgeschenk? Ich, der König von Prag, der sechsmal in Valdice gesessen hat? Bist du schon mal in Valdice gewesen?«

»Nein.«

»Siehst du.«

»Das liegt bei uns, im Böhmischen Paradies«, sage ich.

»Genau. Und wofür ist Valdice bekannt?«

»Wallenstein hat da mal ein Kloster bauen lassen. Das Kloster ist jetzt ...«

»... ein Kurhaus ... Und ich war da schon sechsmal zur Kur. Ich als Weihnachtsgeschenk? Das kann ich doch niemandem antun.«

»Es gibt Schlimmeres«, sagt Kafka. »Irgendjemand würde sich bestimmt über dich freuen, wenn er dich unter dem Weihnachtsbaum finden würde, du Tresoro.«

Und die Italienerin hört Tresoro und fragt: »Tresoro?«

»Tresoro oder Tesoro? Tesoro ist eigentlich auch nicht schlecht«, sagt der König von Prag. »Das ist sogar sehr gut, ich kenne in Prag keinen anderen Tesoro. Das ist ein schönes Weihnachtsgeschenk. Das könnte ich mir vielleicht mal stechen lassen über den Anker … TESORO. Schön, das klingt wirklich gut, wenn ich mal wieder in Valdice bin, lasse ich es mir gleich stechen. Wir haben da einen Maler aus Prag, der in seinem Atelier in Vinohrady aus Eifersucht einen anderen Maler erwürgt hat. Und dann noch einen Kunstkritiker, der einen Verriss über ihn geschrieben hat. Der Maler kann echt gut tätowieren, das kann nicht jeder. Ein Künstler halt. Er hat sogar in Paris ausgestellt, vielleicht auch in Milano.«

»Vielleicht ist Stella unser Geschenk, und wir drei sind die Heiligen Könige«, sagt Kafka.

»Ja, das stimmt. Du bist unser Weihnachtsgeschenk«, sagt der König von Prag und umarmt die Italienerin. Er drückt sie fest an sich, und die Italienerin lässt sich drücken.

Und dann sagt der König von Prag noch einmal: »Tesoro. Aber vielleicht wäre Tresoro doch besser. Na, das finden wir noch raus.«

Der König von Prag gibt der Italienerin einen Kuss, und Kafka schaut ihnen traurig zu. Die Italienerin lässt sich küssen. Und so stehen wir da, die Italienerin und der König von Prag und der traurige Kafka, der nicht mehr wie eine kleine Sonne strahlt, sondern nur schimmert wie der blasse Mond über Prag.

Die Italienerin und der König von Prag küssen sich unter dem Weihnachtsbaum, und Kafka schaut traurig auf die Statue von Jan Hus, und ich schaue auf die Statue der Jungfrau Maria, auf die beiden, die hier über die toten Böhmen wachen, die am 21. Juni 1621 auf diesem Platz hingerichtet worden sind.

Ich bin mir nicht sicher, ob die Herren von Smiřic

oder Schmiritz aus dem Böhmischen Paradies auch dabei waren. Ob man sie nach dem gescheiterten Aufstand auf einer nur für die Hinrichtung gezimmerten Bühne, die wie eine riesige Theaterbühne aussah, auch öffentlich hingerichtet hat oder nicht. Hana wüsste es bestimmt. Hana hat sich immer alles gemerkt. Ich als Historiker sollte es auch wissen, doch ich weiß es nicht. Hana weiß es ganz sicher.

»Wer ist Hana?«, fragt Kafka.

»Was?«

»Du hast gerade Hana gesagt.«

»Ich? Ich habe gar nichts gesagt.«

»Doch.«

»Hana … Hana, das ist egal.«

»Liebe ist nichts als Betrug.«

Der König von Prag, der Milan heißt, und die Italienerin aus Milano, die Stella heißt, küssen sich immer noch, und in diesem Moment laufen drei Marathonläufer mit Fackeln über den leeren Platz, und wir schauen ihnen nach, Kafka und ich.

Ich sehe die Italienerin, die am Cielo di Praga, am Prager Himmel, nach den Sternen sucht, nach ihrem Tesoro, und ich sehe Hana vor mir.

Damals ging ich nicht nur in Prag verloren. Ich habe mich in Hana verloren. Ich sehe ihre Lippen. Ihre langen Beine. Ihre kleinen Brüste unter ihrem rot-weißen Pullover. Ihre blauen Augen. Ihr schmales Gesicht im Mondschein hinter der Friedhofsmauer.

Erst viel später habe ich davon gehört, dass sich auf den Prager Friedhöfen schon immer die Liebenden getroffen haben und dass sie das bis heute tun. Hier sucht keiner nach ihnen. Hier haben sie ihre Ruhe. Die Toten stören die Liebenden nicht, und die Liebenden stören die Toten auch nicht.

»Wer ist Hana?«, fragt Kafka noch mal.

Vielleicht sollte man das doch nicht tun, sich auf einem Grab küssen. Vielleicht sollte man das wirklich lassen. Aber wir haben es trotzdem getan. Wir haben uns in der Straßenbahn geküsst. Wir haben uns auf der Karlsbrücke geküsst. Wir haben uns auf der Burg geküsst. Wir haben uns am Wenzelsplatz unter dem heiligen Wenzel geküsst. Und auch auf dem Jüdischen Friedhof. Am Grab von Dr Franz Kafka.

Damals war Sommer, Ende Juni. Heute ist Winter, Ende Dezember, Heiligabend.

»Wer ist Hana?«, fragt Kafka noch einmal.

»Hana ist Hana.«

»Hana ist aber nicht in der Moldau ertrunken, wie der Freund von dir, der Ertrunkene, oder?«

»Nein, das nicht.«

Das letzte Bier haben wir damals in einer Bar namens Brikett getrunken, Hana und ich. Hier haben sich die Arbeiter vom Güterbahnhof Žižkov getroffen, die dort Kohlen ausgeladen haben. Es war früh am Morgen. Das Bier zapfte eine Frau mit Haaren aus Gold, und vor der Tür wachte ein schwarzer Hund. Das Bier hat nach Kohle geschmeckt. Der eingelegte Käse hat nach Kohle geschmeckt. Alles hat nach Kohle geschmeckt. Danach sind wir mit dem ersten Zug zurück ins Böhmische Paradies gefahren.

Wir ziehen weiter. Der König von Prag hält die Italienerin an der Hand, und Kafka ist traurig.

Mein Handy klingelt. Es sind meine Freunde. Sie entschuldigen sich und schlagen vor, dass wir uns im Ausgeschossenen Auge treffen, wie immer.

Ich verabschiede mich von Kafka, der Italienerin und auch von dem König von Prag. Ich muss meinen Koffer am Hauptbahnhof abholen. Doch sie wollen nicht Abschied nehmen. Sie wollen mitkommen.

»Die schönste Kirche von Prag ist nicht die Kathedrale auf der Burg. Und auch nicht Maria Schnee. Die schönste Kirche von Prag ist der Hauptbahnhof, und wir kommen dort gerade richtig an«, sagt der König von Prag. »Dort habe ich mein erstes Weihnachten in Prag gefeiert.«

Wir gehen durch den Park der Gestrandeten vor dem Hauptbahnhof. Die Italienerin bleibt stehen und schaut lange in das Schneegestöber. Und dann sagt sie: »Il neve di Praga.«

Die untere Bahnhofshalle ist wie leer gefegt. Doch dann hören wir Musik und gehen ihr nach. Oben, unter der Kuppel mit den Wappen der Städte, die durch die Eisenbahn mit Prag verbunden sind, ist es voll. Die Gestrandeten. Die Verlorenen. Die Heiligen. An einem kleinen Weihnachtsbaum unter der Bahnhofsuhr steht ein alter Mann mit Keyboard und spielt. Der König von Prag erkennt ihn.

»Das ist Jozef, der alte Jožka, der König von Bratislava«, sagt er. »Wir waren zweimal zusammen in Valdice zur Kur. Die Sängerin, das ist seine Frau. Sie kommt aus der Ostslowakei, aus Medzilaborce. Sie heißt Mária und kann aus dem Kaffeesatz die Zukunft lesen und mit den Toten reden.«

Mária singt und Jozef, der König von Bratislava, spielt und der König von Prag geht auch an das Mikrofon und singt mit. Ein trauriges Lied über die Moldau. Ein trauriges Lied über die Donau. Ein trauriges Lied über die Eisenbahn. Alle stimmen ein.

Und dann sehen wir das Christkind. Das Christkind von Prag. Eigentlich weiß niemand, wie das Christkind aussieht. Doch wir erkennen es. Und der König von

Prag sagt zu uns: »Ich habe es doch gesagt, dass wir das Christkind heute sehen.«

Das Christkind von Prag ist ein alter Eisenbahner in Uniform, der auf einem Gepäckwagen die Weihnachtsgeschenke bringt. Der Wagen ist voll. Jozef und Mária spielen ihre Lieder, und der Eisenbahner verteilt die Geschenke, und ich muss an meinen Vater denken und an seinen Freund, der hier am Hauptbahnhof im Fundbüro gearbeitet hat. An seine letzte Hoffnung, als ich damals hier am Hauptbahnhof verloren ging. An seinen Freund, mit dem er beim Militär war, und der meinem Vater im Fundbüro das Regal mit den verlorenen und vergessenen Weihnachtsgeschenken gezeigt hat, die niemand abholen kam. Und die dann verschenkt werden.

Auch wir bekommen Geschenke. Kafka, die Italienerin, der König von Prag und ich. Danach gibt es Glühwein, und es ist der beste Glühwein in Prag. Es wird auf Weihnachten angestoßen, und der König von Prag, der alle Schlüssel von Prag hat, umarmt den König von Bratislava, der alle Schlüssel von Bratislava hat. Die beiden Könige spielen zusammen noch ein Lied, und die Italienerin tanzt mit Kafka und lehnt ihren Kopf sanft an seine Schulter und schließt die Augen.

U VYSTŘELENÝHO OKA

Wir ziehen weiter. Als wir im Ausgeschossenen Auge ankommen, ist es schon spät am Abend, oder früh am Morgen. Das Lokal ist immer noch ziemlich voll. Wir trinken Bier, und Kafka leuchtet, und das Bier in den Biergläsern leuchtet auch. Wieder das heilige Prager Licht. Auf dem Tisch landen vier volle Gläser, und der König von Prag sagt: »Der böhmische Adventskranz. Prost. Frohe Weihnachten.«

Im Aquarium unter der Theke schwimmen Fische, und Kafka sagt: »Tote Dichter.«

Kafka versucht, der Italienerin zu erklären, warum die Kneipe Zum Ausgeschossenen Auge heißt. Er erzählt von den Hussitenkriegen und dem einäugigen Krieger Jan Žižka, der auf dem Berg Vítkov eine Schlacht gewonnen hat. Und manchmal in der Nacht von seinem Berg runtergeritten kommt und hier sein Bier trinkt. Kafka erzählt, und die Italienerin macht kurz die Augen zu.

Meine Freunde tauchen endlich auf, und ich stelle sie vor.

»Tomáš … und Hana.«

Wir umarmen uns.

Und Kafka fragt mich: »Hana ... Die Hana?«

»Ja, genau die Hana.«

»Du hast es auch nicht leicht.«

Hana und Tomáš schauen auf Kafka, der leuchtet. Und auf den König von Prag. Und auf die Italienerin. Ich erzähle ihnen, was wir erlebt haben. Sie wundern sich nicht. Sie wissen, dass Prag selbst ein Wunder ist. Ein Wunder im Nebel der Geschichte. Nicht nur zu Weihnachten.

Und dann klopft mir jemand auf die Schulter. Es ist der Ertrunkene.

»Jára? Sag mal, du sieht eigentlich gar nicht tot aus.«

»Wieso tot?«

»Hier wurde erzählt, dass du tot bist.«

»Ich?«

»Ja. Von einem Zug überfahren. Irgendwo in Deutschland.«

»Wer hat das erzählt?«

»Keine Ahnung … Alle. Geht's gut?«

»Ich dachte, dass du tot bist.«

Ich schaue in seine Augen. Sie sehen wie Karpfenaugen aus. Fünf Bier. Sechs. Vielleicht schon sieben.

»Ich tot?«, lacht der Ertrunkene.

»In der Moldau ertrunken.«

»Wer hat dir das denn erzählt? Ich kann doch gar nicht schwimmen.«

Kafka schaut den Ertrunkenen an. Und dann schaut er sich den Karpfen an, den der Ertrunkene in einem großen Gurkenglas auf den Tisch gestellt hat. Der Ertrunkene hat dem Karpfen heute Abend bei seiner Mutter das Leben gerettet.

»Er heißt Karel. Ich bringe ihn gleich zur Moldau.«

Der Ertrunkene bestellt einen Ertrunkenen, eine Wasserleiche, wie er sagt. Die Wurst schwimmt im Essig und sieht wirklich wie eine Wasserleiche aus. Und der König von Prag bestellt eine Runde Rum für alle. Er möchte auf Karel anstoßen und auf uns und schläft dabei ein. Die Italienerin schaut ihn traurig an und küsst dann Kafka. Kafka schließt die Augen, und plötzlich leuchtet er nicht mehr.

»Das freut mich total, dass du nicht tot bist, Jára. Das ist das schönste Weihnachtsgeschenk«, sagt der Ertrunkene.

Und plötzlich ist die Kneipe leer. Kafka ist weg. Der König von Prag ist weg. Die Italienerin ist weg. Der Ertrunkene ist weg. Und der Karpfen Karel auch. Ich sitze im Ausgeschossenen Auge und trinke das letzte Bier mit Tomáš und Hana, die von einem Wasserrohrbruch in ihrer Wohnung erzählen. Die Fische im Aquarium schwimmen weiter hin und her, als wäre nichts gewesen. Als wäre nicht Weihnachten.

Am Hauptbahnhof nimmt Prag mich immer auf.

Am Hauptbahnhof entlässt Prag mich wieder.

Ich sitze im Zug und warte auf die Abfahrt. Alles ist verschneit. Mein Vater ruft an. Er möchte wissen, wann genau ich im Böhmischen Paradies ankommen werde.

Ich habe es ihm zwar schon gesagt und auch geschrieben, doch ich sage es ihm gerne noch einmal. Ich spreche mit meinem Vater und sehe uns beide wieder auf dem Bahnsteig, wie wir hier vor vielen, vielen Jahren gestanden haben.

»Warte hier, warte auf mich. Ich bin gleich wieder da«, sagte mein Vater damals zu mir.

Doch ich habe nicht auf ihn gewartet. Damals wusste ich natürlich noch nichts von Kafka, Hašek und Hrabal. Ich wusste nicht, dass ich später mal in Prag leben und mit dem Ertrunkenen in einer Band singen werde. Dass ich mal eine Italienerin aus Milano treffen werde, deren Mann Straßenbahnfahrer war und sich immer gewünscht hatte, Straßenbahnfahrer in Prag zu sein. Ich wusste nicht, dass sich in Prag Dichter, Maler und Musiker in Vögel und Fische verwandeln. Ich wusste nicht, dass mir mal der König von Prag im Anker beibringen will, wie man alle Prager Schlösser aufsperrt. Ich wusste nicht, dass der Ertrunkene und

ich in der Wohnung mit Blick auf die Gleise und Türme des Hauptbahnhofs proben werden. In einer Wohnung, wo jetzt Hana und Tomáš leben. Mit sechs wusste ich nur, dass ich später mal Lokführer sein will. Ich fand die Lokomotiven viel spannender als alles andere. Ich schaute mir im Prager Hauptbahnhof eine E-Lok an, und ein Lokführer zeigte mir dann den Führerstand.

Ich sehe meinen Vater, wie er mich zwischen all den Menschen sucht. Wie er eine Frau nach mir fragt. Und eine Schaffnerin. Es schneit, und es ist schon dunkel, und mein Vater läuft auf dem Bahnsteig hin und her und gibt acht, dass er das Bier und die Kofola nicht verschüttet.

Und dann, völlig müde, erschöpft und verzweifelt, sieht mein Vater mich vor der Lokomotive am Bahnsteig stehen. Vielleicht ist ihm das damals auch vorgekommen wie Weihnachten. Wie Weihnachten in Prag.

PRAHA
HLAVNÍ NÁDRAŽÍ

Danke an:

Jaromír Švejdík
Christine Rahn
Christina Frankenberg
Ralf Pillatzki
Achim Seiffarth
Petr Pýcha
Joachim Dvořák
Johana Švejdíková
Miriam Spinrath
Regina Kammerer
Rebekka Göpfert

Wir sehen uns im Ausgeschossenen Auge!